好读又好用的

成语故事 2

晴川老师/主编

中国妇女出版社

图书在版编目（CIP）数据

好读又好用的成语故事．2 / 晴川老师主编．-- 北京 ：中国妇女出版社，2023.2

ISBN 978-7-5127-2235-4

Ⅰ．①好… Ⅱ．①晴… Ⅲ．①汉语－成语－故事－少儿读物 Ⅳ．①H136.31-49

中国版本图书馆CIP数据核字（2022）第253167号

责任编辑：张 于
装帧设计：云杉平面
责任印制：李志国

出版发行：中国妇女出版社
地 址：北京市东城区史家胡同甲24号 邮政编码：100010
电 话：（010）65133160（发行部） 65133161（邮购）
网 址：www.womenbooks.cn
邮 箱：zgfncbs@womenbooks.cn
法律顾问：北京市道可特律师事务所
经 销：各地新华书店
印 刷：艺通印刷（天津）有限公司

开 本：165mm×225mm 1/16
印 张：8.5
字 数：90千字
版 次：2023年2月第1版 2023年2月第1次印刷
定 价：35.00元

PREFACE 前言

成语就要这样学

成语是小学语文学习中非常重要的一部分。学习成语不仅能提高孩子的语言表达能力和写作能力，而且能帮助孩子获取历史文化知识，拓宽视野。学习成语，除了要理解成语的含义，更要知道如何应用。《好读又好用的成语故事》就是这样一套既让孩子知道成语的含义，又让孩子懂得如何应用的成语知识课外阅读书。

本套书借助《西游记》中唐僧师徒四人西天取经的故事框架，进行适当演绎，将成语巧妙地融入故事当中，并对成语进行释义、提供近义词和反义词，让小朋友们在阅读故事的同时，轻松自然地掌握这些成语的意义和应用。

《好读又好用的成语故事》共分为五册。

第一册的主题是“驯妖高手”，讲述了孙悟空的故事：从石猴诞生到拜师学艺，再到大闹天宫、被压在五行山下，最后凭借自己通天的本领，保护唐僧西天取经，被封为“斗战胜佛”。

第二册的主题是“王牌取经人”，讲述了唐僧的故事：唐僧自幼在寺庙中长大，在菩萨的指点下前往西天取经，路上收了孙悟空、猪八戒、沙悟净三个徒弟，历经八十一难才取得真经。

第三册的主题是“二师兄变形记”，讲述了猪八戒的故事：从天蓬元帅到错投猪胎，再到入赘高老庄、被人当成妖怪，最终被孙悟空降伏，拜唐僧为师，一起前往西天取经。

第四册的主题是“忍者小白龙”，讲述了白龙马的故事：他本是西海龙宫三太子，因触犯天条受到处罚，后经菩萨点化，变身为白龙马，载着唐僧去西天取经，最终修成正果。

第五册的主题是“白虎岭大冒险”，讲述了孙悟空三打白骨精的故事：白骨精为了吃唐僧肉，先后变换为俏姑娘、老婆婆、老公公的假身，全被孙悟空识破打死，唐僧却误会孙悟空滥杀无辜，将他赶回了花果山。最终，误会解除，师徒四人继续踏上取经之路。

取经之路，山高水长。学习成语也一样，要多看多读，慢慢积累。小朋友们，快跟着唐僧师徒一起，到“西游故事”中各显神通吧！

取经天团闪亮登场

唐僧

身份：唐朝第一高僧
性格：心比金坚、善良博爱

孙悟空

身份：齐天大圣
唐僧的大徒弟
性格：疾恶如仇、神通广大

猪八戒

身份：天蓬元帅
唐僧的二徒弟
性格：好吃懒做、憨厚可爱

沙悟净

身份： 卷帘大将
唐僧的三徒弟
性格： 忠厚老实、与世无争

白龙马

身份： 西海龙王三太子
唐僧的坐骑
性格： 沉稳、忠诚

故事开始啦！

CONTENTS 目录

第16课 一波未平，怎么还有个蜈蚣精

金碧辉煌 / 痛不欲生 / 大打出手
得意扬扬 / 从容不迫

91

第17课 比丘国换关文

人来人往 / 愁眉苦脸 / 惊慌失措
一见钟情 / 萎靡不振 / 灵丹妙药

97

第18课 天竺国遇真假公主

翻山越岭 / 不知不觉 / 哄堂大笑
川流不息 / 不偏不倚

103

第19课 原来你是玉兔啊

金枝玉叶 / 张口结舌 / 一模一样
狼吞虎咽 / 皆大欢喜

109

第20课 功夫不负有心人，取经回来啦

雕梁画栋 / 巍然屹立 / 跋山涉水
三年五载 / 异乎寻常

115

第 1 课

天上掉下个小和尚

百废俱兴

跃跃欲试

一步登天

满腹经纶

神采飞扬

人才出众

委曲求全

成语故事汇

唐朝的太宗皇帝登基后，在他的治理下，唐朝**百废俱兴**[①]，日渐强盛。百姓们过着幸福、安乐的生活。

一天，朝廷颁下皇榜，要开设科举考试选取贤才。此消息一传出，所有书生都**跃跃欲试**[②]，想通过这次科举**一步登天**[③]。陈光蕊也不例外，他收拾好行囊，辞别了母亲，就赶赴长安参加考试。陈光蕊**满腹经纶**[④]，到长安应试，一下就考上了状元。唐太宗听说有这样的人才，心里十分高兴，让他骑马游街。

①百废俱兴

俱：全，都。许多废置的事情都兴办起来。

近义词：兴灭继绝

反义词：百废待兴

②跃跃欲试

跃跃：因急切期待而心情激动的样子。迫不及待地想试一下。

近义词：摩拳擦掌

③一步登天

一步就登上了青天。比喻一下子达到极高的境界或程度。也比喻人突然得志，爬上高位。

近义词：平步青云

反义词：一落千丈

④满腹经纶

经纶：整理过的蚕丝，比喻人的才学、本领。形容很有学问、才能。

近义词：博学多才

反义词：胸无点墨

陈光蕊坐在高头大马上，**神采飞扬**[⑤]，心里想着：我终于考取功名，娘再也不用受苦了。不知不觉中，他骑着马来到丞相家门前时，瞧见府里张灯结彩，十分热闹，就前去了解情况。原来是丞相的小女儿正在抛绣球，谁要是接住了绣球，就能成为丞相府的女婿。

丞相的小女儿名叫殷温娇，她见陈光蕊**人才出众**[⑥]，知道他是新科状元，就把绣球抛给了他。就这样，陈光蕊和殷温娇拜堂成亲了。第二天一早，陈光蕊接到圣旨要到江州赴任，他便带妻子与岳父、岳母辞别，回家探望母亲张氏，告诉了母亲娶妻和去江州任职的事情，之后和母亲一同前往江州。后来，母亲在途中生病，陈光蕊夫妻俩只好先去往江州。

夫妻二人到了渡口，准备乘船。谁也没想到，那船夫是个歹徒，他瞧夫妻二人手无缚鸡之力，陈光蕊又是朝廷官员，就把陈光蕊推入江中，又抢了陈夫人做妻子，想要冒充陈光蕊到江州赴任。陈夫人怀有身孕，为了保住孩子只好**委曲求全**[⑦]，跟着歹徒一起

⑤神采飞扬

神采：人面部的神气和光彩。形容精神抖擞，神情昂扬。

近义词：神采奕奕

反义词：无精打采

⑥人才出众

出众：高出于众人。形容人的人品和才能超出众人之上。

近义词：出类拔萃

反义词：碌碌无为

⑦委曲求全

委曲：勉强服从。勉强迁就，以求保全。

近义词：逆来顺受

反义词：宁死不屈

去了江州。

陈夫人怀胎十月，生下一个男孩，她害怕歹徒伤害她的孩子，就把孩子放在一个大木盆里，在襁褓里留下一封血书，说明孩子的身世，把木盆放入了江中。木盆随波逐流，被冲到一座山下，山中寺里的长老听见有婴儿啼哭，一开门就瞧见木盆里的男婴。长老瞧这孩子可怜，就把他带回寺院里抚养，给他取名“江流”。江流十八岁时削发修行，取法名“玄奘”。

趣味练练练

成语大接龙

小朋友们，请将下方的成语接龙补充完整吧。

外		里	应		顺	人
						定
						胜
可		而	知			
小						高
非	人		物			厚

成语练练练

根据图示箭头，完成下面的成语接龙。

声		击		风	残	
			地			本
			罗			宣
	火	朝				
火						班
深						出
	流	云		力	体	

第 2 课

小和尚命苦，快去给父亲报仇

日复一日

逍遥法外

马不停蹄

绳之以法

闷闷不乐

良辰吉日

成语故事汇

玄奘每天在寺庙念经祈福，**日复一日**[1]，年复一年。转眼间，玄奘到了十八岁。一天，玄奘因身世受到他人辱骂。他求方丈告知身世。方丈觉得是时候让他知道自己的身世了，就把玄奘叫到禅房，把血书交给他，说：“你爹被歹徒杀害，如今你长大成人，拿着这封血书去长安寻亲吧。”

知道真相的玄奘非常伤心，他心想：我不能让坏人**逍遥法外**[2]，一定要让真相大白于天下。他收拾好行李，辞别师父，历经千山万水，终于来到了长安城。之后他一路打听丞相府，终于见到了老丞相。

①日复一日

一天又一天。指时间流逝。
近义词：年复一年

②逍遥法外

逍遥：自由自在、无拘无束的样子；法：法律。指犯法之人逃避法律之外而无人追究。
反义词：天网恢恢

老丞相见来的是一个小和尚，根本没当回事，直到玄奘把血书拿出来，老丞相才恍然大悟。他安顿好玄奘后，**马不停蹄**③地赶到朝堂上，将女儿的血书呈给皇帝。唐太宗见了血书，知道了事情的真相，生气地说："这些贼人好大的胆子，竟敢杀人抢官！丞相放心，朕一定把他们**绳之以法**④。"很快，朝廷就把坏人抓了起来，救出了陈夫人。

③马不停蹄

比喻一刻也不停留地前进。

近义词：夜以继日

反义词：停滞不前

④绳之以法

绳：木工用的墨线，是矫正曲直的工具，引申为约束、制裁。用法律来约束，用刑法来制裁。

反义词：逍遥法外

住在江里的老龙王听说了这件事，忽然想起数年前，救过一个溺死的书生。原来陈光蕊小时候曾在江边放生了一条小鲤鱼，那鲤鱼就是老龙王，老龙王救下的溺死书生就是陈光蕊，他收留了陈光蕊的魂魄。老龙王得知陈光蕊沉冤得雪，施法让他死而复生，把他送出水面，陈光蕊一家人得以团聚。

这天，老丞相对玄奘说："孙儿，这么多年委屈你了，咱们一家人终于团聚了，以后你就还俗吧，也好享受荣华富贵。"玄奘一听满面愁容，**闷闷不乐**⑤地说："您有所不知，我根本不在乎什么荣华富贵。我从小在寺庙生活已经习惯了，而且我喜欢念经，

⑤闷闷不乐

形容心里烦闷，不快活。

近义词：怏怏不乐

反义词：乐不可支

希望能普度众生，您就别让我还俗了。”

后来，玄奘继续修习佛法，终成一名高僧。唐太宗听说了玄奘的故事，觉得他慈悲为怀，十分感动，赐给他五彩织金袈裟、毗卢帽，又选了个**良辰吉日**⑥，让他到化生寺讲经说法。

⑥良辰吉日

辰：时日；吉：吉庆，好。喜庆、美好的日子。

近义词：良辰美景

趣味练练练

成语大接龙

按照图中箭头的顺序，将下图接龙游戏中的成语补齐。

	明	上	掌		如	
联						
壁						
合		合		屈	词	穷
						末
言	不		知		人	

看诗句猜成语

根据诗句的意思填写对应的成语。

诗句	成语
青山遮不住，毕竟东流去	
欲穷千里目，更上一层楼	
射人先射马，擒贼先擒王	
郎骑竹马来，绕床弄青梅	
举头望明月，低头思故乡	
好雨知时节，当春乃发生	

第 3 课

如来佛祖传经，你们谁去

毛遂自荐

寒来暑往

不假思索

赴汤蹈火

德才兼备

成语故事汇

如来佛祖听说凡间的人喜欢杀伐争斗、贪图享乐，就想把大乘佛法传给他们，以度化众生。只是，这传教之事并不是谁都能做的，必须是有善心、有恒心的人。这天，如来佛祖把菩萨叫来开会，问道：“你们谁能找到取经的人呢？”观音菩萨深知民间疾苦，于是**毛遂自荐**[①]，带着徒弟走南闯北，四处寻访，希望能尽快找到可以委以重任的人。

寒来暑往[②]，转眼几年过去了。观音菩萨和弟子来到东土大唐。这天，观音菩萨听说唐太宗在化生寺开设水陆大会，请来

①毛遂自荐

毛遂：战国时赵国平原君的门客。比喻自告奋勇或自己推荐自己做事。

近义词：自告奋勇

反义词：推三阻四

②寒来暑往

寒冬来到了，酷暑过去了。指四时更替。也泛指时光消逝。

近义词：时光荏苒

玄奘法师讲经。观音菩萨心想，或许这个玄奘法师就是自己要找的人。于是他和弟子变成和尚的模样，跑到寺院听讲。

刚到寺院，观音菩萨一眼就认出了玄奘，心里琢磨：这不是转世投胎的金蝉子吗？看来他就是我要找的人。于是，他大声说："大和尚，你只会讲小乘法，更高深的经法你会讲吗？"玄奘一听便知道观音菩萨是高人，赶快行礼说："实不相瞒，我只会讲此经，不会讲更高深的经法。"

观音菩萨说：“我会讲更高深的经法，能够普度众生，教化人民，你愿不愿意学？”玄奘听了非常高兴，连声答应。观音菩萨又说：“要想学得此经，你将会历经磨难，你还愿意吗？”玄奘**不假思索**③地说：“为了黎民苍生，即便是**赴汤蹈火**④我也愿意。”

就在这时，唐太宗听说有人在寺院捣乱，立即派人把他们捉了起来。观音菩萨这才现出真身，告诉唐太宗：“我是南海的观音菩萨，奉佛祖之命特来寻找取经人。我找了好多年，始终没找到**德才兼备**⑤的人。刚才玄奘已经通过了我的测试，他就是我要找的取经人，你就派他到西天取经去吧。”说完，他把从西天带来的锦襕袈裟和九环锡杖等五件宝物送给了玄奘。唐太宗、文武百官和众僧们顶礼膜拜后，观音菩萨踩着祥云飞走了。

③不假思索

假：凭借、依靠。不用思考就做出反应。形容言行敏捷。

反义词：深思熟虑

④赴汤蹈火

赴：走向；汤：沸水；蹈：踩。即便是滚烫的水、炽热的火，也敢投入、踩踏。比喻不避艰险，奋勇向前。

近义词：出生入死

反义词：畏缩不前

⑤德才兼备

兼备：同时具备。品德好同时又有才能。

近义词：品学兼优

反义词：才疏德薄

趣味练练练

词不达意

下面是6个关于老鼠的成语，但有几个成语与词义的连线是错误的，你能找出来吗？请你在错误词义后面的括号里画“×”，正确的画“√”。

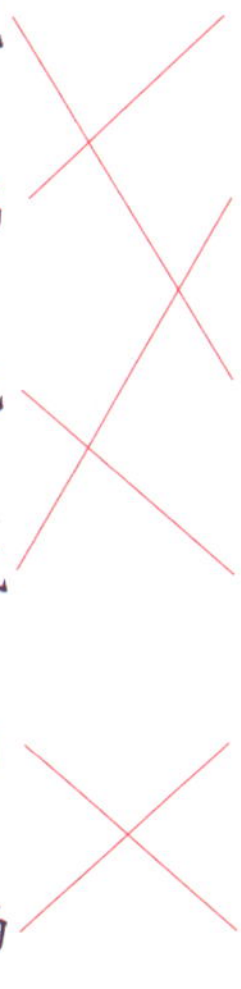

猫哭老鼠	形容眼光短，见识浅。（　　）
首鼠两端	比喻人人痛恨的坏人坏事。（　　）
鼠目寸光	比喻假慈悲，假装同情。（　　）
过街老鼠	形容气量狭小，只计较小事，不顾大局。（　　）
獐头鼠目	迟疑不决或动摇不定。（　　）
鼠肚鸡肠	形容人相貌丑陋猥琐而神情狡猾。（　　）

成语大接龙

在下面的圆圈里填上合适的字，组成一条“龙”。

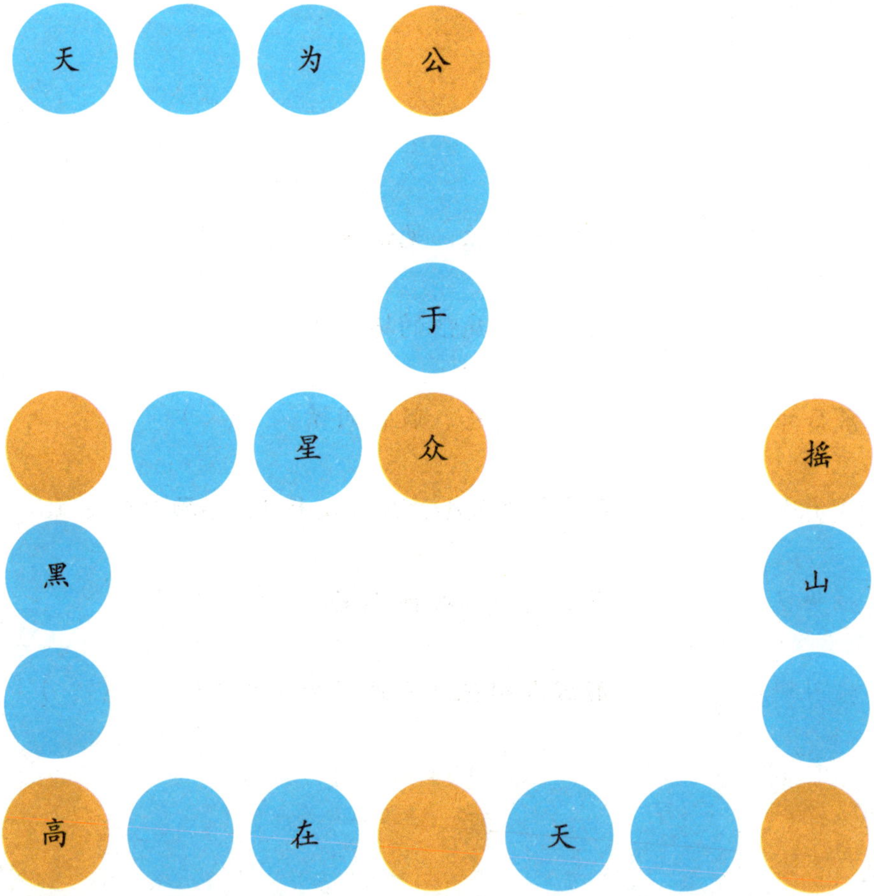

第 4 课

以后不是小和尚，是御弟啦

喜上眉梢

受宠若惊

不胫而走

山高路远

赞不绝口

依依不舍

成语故事汇

唐太宗听了观音菩萨的话，这才知道玄奘是金蝉子转世，身负重任。他非常欣赏玄奘的才德，就和玄奘结拜为异姓兄弟。结拜后，唐太宗**喜上眉梢**①，叫了一声：“御弟圣僧。”玄奘也非常高兴，连声答应。

①喜上眉梢

眉宇间流露出喜悦的神情。

近义词：眉开眼笑

反义词：愁眉不展

第二天，唐太宗准备好通关文牒、紫金钵盂、马匹等送给玄奘，对他说：“御弟，你原本姓陈，如今咱俩结拜为兄弟，我将大唐的国姓赐给你吧！”能得到唐太宗的厚爱，玄奘**受宠若惊**②，连忙点头拜谢。唐太宗说：“今天是个好日子，我已经叫人把行李给你收拾好了。我让两个随从跟你一起上路，也

②受宠若惊

宠：宠爱，赏识。受到宠爱、赏识而感到意外的惊喜、不安。

反义词：宠辱不惊

好互相有个照应。”说完，又叫来文武百官给玄奘送行。

唐太宗和大臣们一路送玄奘到宫门口。玄奘对唐太宗说道：“陛下放心，我一定取回经书，不辜负您对我的信任。”

玄奘被派去西天取经的消息**不胫而走**[3]，各个寺庙的僧人都知道了。玄奘出发前一晚刚回到寺院，十几个和尚就把他围住，

③不胫而走

胫：小腿；走：快跑。没有腿却能奔跑。比喻不用宣传、推行，就迅速地传播开去。

反义词：秘而不宣

劝说道："这取经之路**山高路远**[4]，艰险重重，一路上都是妖魔鬼怪，你要是去了，别说经书，就是性命恐怕也不保。你还是别去了。"

僧人们你一言我一语，都劝玄奘放弃取经的念头。玄奘知道大家都是为他好，可他早已下定决心，说道："我知道取经有多难，可我曾对佛祖立下宏誓大愿，一定取得真经，你们都不要劝我了。"听玄奘这么说，僧人们顿时心生敬佩，**赞不绝口**[5]。

第二天，雄鸡报晓，僧人们都起床收拾东西，准备早饭。玄奘起床后，就到佛像前礼拜，希望佛祖保佑，能够顺利取得真经。两个随从给马喂饱饲料，准备和玄奘一起上路。僧人们把玄奘三人送到山下，**依依不舍**[6]地和他们告别，几个小和尚哭得鼻子都红了。就此，玄奘踏上了取经的道路。

④山高路远

形容路途遥远、艰辛。

近义词：山长水远

反义词：近在咫尺

⑤赞不绝口

赞：称赞；绝：停。不住口地称赞。

近义词：交口称赞

反义词：嗤之以鼻

⑥依依不舍

形容非常留恋，舍不得离开。

近义词：恋恋不舍

反义词：拂袖而去

趣味练练练

反义词接龙

小朋友，开动脑筋，把下列成语补充完整，每个成语中需要补充的两个字互为反义词。快来试一试吧！

	来		到
	同		异
	勇		谋
	出		归

	差		错
	应		合
	仰		合
	嘲		讽
	奉		违

成语练练练

根据提示，完成下面的成语接龙。

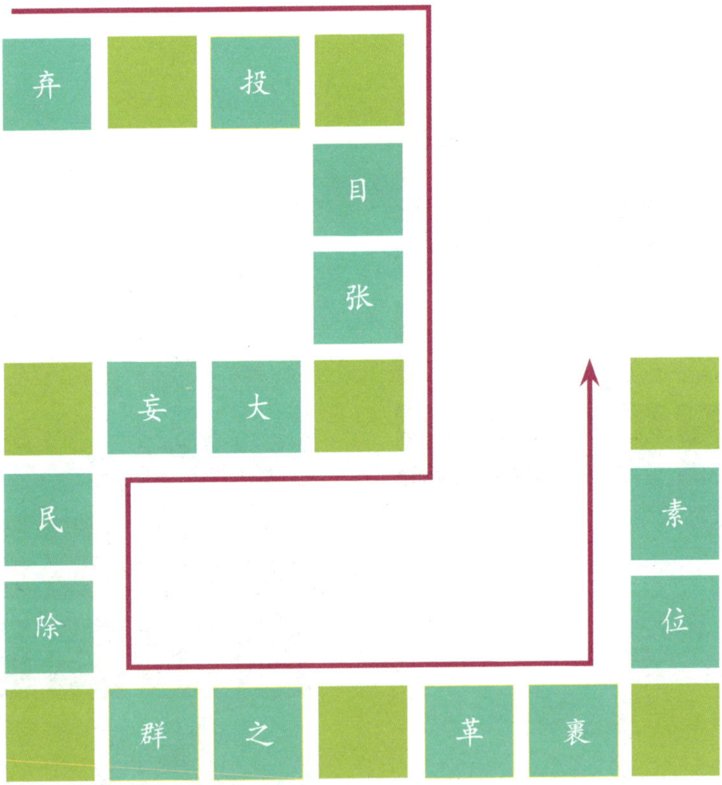

第 5 课

骑马踏上取经路

风餐露宿

东张西望

虎背熊腰

不寒而栗

自怨自艾

饥肠辘辘

成语故事汇

因唐太宗将国姓赐予了玄奘，让他西去取经，百姓们便都叫他“唐僧”。唐僧和两个随从走了十几天，来到大唐的边界，越是往西走，就越是荒凉。此时已是深秋，天气转凉，唐僧三人每天天不亮就起身赶路，**风餐露宿**①，异常辛苦。这天，他们走了十几里地，发现越走越偏僻，突然刮起一阵阴风，三人吓得哆哆嗦嗦，不敢大声喘息。

①风餐露宿

风餐：在风里吃饭；露宿：在露天睡觉。形容旅途或野外生活的艰苦。

近义词：栉风沐雨

唐僧三人乱成一团，**东张西望**②，生怕有什么怪物冒出来。正琢磨着，突然马脚下一滑，唐僧三人一下子掉进了陷阱里。唐僧害怕极了，大声呼喊：“有人吗？谁来救救

②东张西望

四处张望。

近义词：左顾右盼

反义词：目不转睛

③虎背熊腰

背宽厚像虎，腰粗壮像熊。形容人的身体魁梧健壮。

近义词：身强力壮

反义词：骨瘦如柴

我们？”话还没说完，凭空出现了五六个小妖，将他们五花大绑。就在这时，一个**虎背熊腰**[③]的妖怪摇摇摆摆地走了过来。几个小妖瞧见了，赶紧跪在地上说道：“恭喜将军，咱们又做了笔好买卖。”

那妖王瞧见唐僧，口水止不住地流，笑着说：“嘿嘿，我今天请客，正愁没有好菜。小的们，把两个随从分了吃，把大和尚绑起来，留着改天吃。”小妖们一听，美滋滋地说道：“跟着大王就是好，这日子，快活呀！”

唐僧早就被吓晕了，等他醒过来的时候，已经是第二天中午。想到昨天的场面，他就**不寒而栗**[4]，委屈地说：“唉，没想到出师不利。”正在他**自怨自艾**[5]的时候，突然瞧见远处走来一个老头。那老头好像早有准备似的，手一挥就把唐僧救了出来，还把他的马匹和行李夺了回来。原来这个老头是太白金星，他听说唐僧有难，特来帮助他。

唐僧得救以后，一个人骑马离开了，他心里琢磨：希望这一路不要再遇到什么妖怪。唐僧走了几里路，觉得**饥肠辘辘**[6]。正在这时，碰见一个好心人，不仅请他到家里做客，还拿出斋饭款待他。唐僧填饱肚子，拜谢了好心人，高高兴兴地上路了。

④不寒而栗

栗：打战，发抖。不寒冷却发抖。形容非常恐惧。

近义词：毛骨悚然

反义词：无所畏惧

⑤自怨自艾

艾：治理，指改正。原意是自己感到悔恨，自己改正错误。现指悔恨自己的错误（不含改正之意）。

近义词：悔不当初

反义词：怨天尤人

⑥饥肠辘辘

辘辘：拟声词，车轮滚动声，借以形容肠鸣声。肚子饿得咕咕叫。形容十分饥饿。

反义词：酒足饭饱

趣味练练练

成语爬楼梯

下面每个台阶中都包含一个成语，请将空缺补充完整，使之成为一个连贯的“楼梯”。

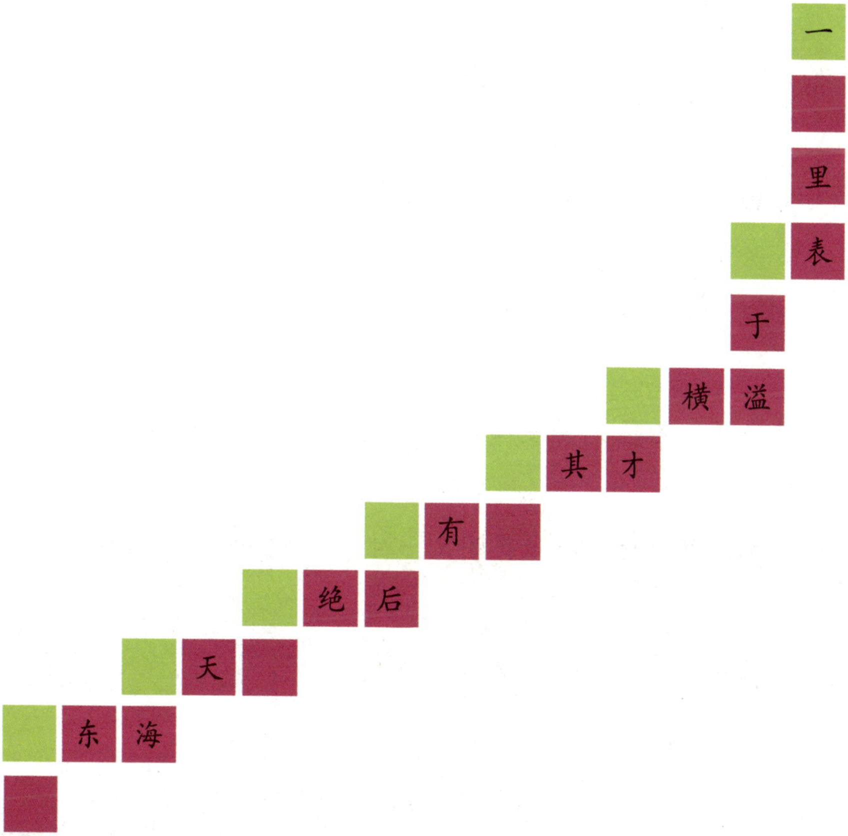

看诗句猜成语

告诉你一个小秘密，下面每句诗的意思都可以用一个相近的成语来表达，快来猜猜这些成语是什么吧。

桃花潭水深千尺，不及汪伦送我情

儿童相见不相识，笑问客从何处来

王师北定中原日，家祭无忘告乃翁

春色满园关不住，一枝红杏出墙来

山重水复疑无路，柳暗花明又一村

春蚕到死丝方尽，蜡炬成灰泪始干

第 6 课

乌鸡国国王托梦

兴致勃勃

心惊胆战

昏昏沉沉

泪如雨下

满腹疑团

足智多谋

感激涕零

成语故事汇

话说唐僧虽然是金蝉子转世，可毕竟是肉体凡胎，一点儿法术也没有。观音菩萨思来想去，觉得让他一个人去西天取经太危险了，就给他派了三个徒弟——孙悟空、猪八戒、沙和尚。这仨徒弟本领高强，可各有优点与缺点，徒弟耍起脾气来，也着实让唐僧头疼。

唐僧和徒弟们已经走了好几天，都累得不行，遥遥望见前方有座寺庙，唐僧给徒弟们鼓劲儿："大伙儿加把劲儿，趁着天亮，咱们赶快到那座寺庙好好休息。"唐僧**兴致勃勃**[①]地说着，可懒徒弟猪八戒总是磨磨叽

> **①兴致勃勃**
>
> 兴致：兴趣；勃勃：旺盛的样子。形容兴趣很浓厚，情绪很高。
>
> 近义词：兴高采烈
>
> 反义词：兴味索然

叽，走得慢还拖后腿。到寺庙时，天已经黑了。

师徒四人吃了点儿干粮就各自睡觉去了。唐僧睡不着，又读了一会儿经书，直到深夜，他才收好经书，准备睡个好觉。突然，门外传来一阵窸窸窣窣的声音，木门也被吹得发出吱吱呀呀的声响。唐僧听得**心惊胆战**②，可困劲儿却上来了，不一会儿就趴在桌子上睡着了。

忽然一阵冷风把木门吹开，一股白气钻进屋内，叫了一声：“师父。”唐僧**昏昏沉沉**③，冷不丁听见有人叫自己，还以为是徒弟。他揉了揉眼睛后一看，吓了一大跳。只见眼前站着一个浑身湿透、**泪如雨下**④的男人。唐僧好奇地问：“你是哪儿的妖魔鬼怪呀？

②心惊胆战

战：发抖。形容十分害怕。

近义词：心惊肉跳

反义词：泰然自若

③昏昏沉沉

形容头脑混沌、模糊，神志不清。

近义词：头昏目眩

反义词：精神抖擞

④泪如雨下

眼泪像雨水一样直往下流。形容极其悲伤或深受感动。

近义词：泪如泉涌

反义词：喜笑颜开

为什么来找我？”那男人伤心地说：“师父，你仔细看看我。”

唐僧仔细一瞧，见那人穿着黄袍，吓了一个踉跄，接着连忙搀扶着那人说：“你是哪朝的皇帝？快坐下说话。”那人叹了口气，伤心地说：“我的家就在离这儿四十里的地方，名叫乌鸡国，我就是那里的国王。”唐僧**满腹疑团**⑤，问道：“那你为什么会来找我？”

国王打开了话匣子，说道：“五年前，一个有本事的道士来投靠我，我瞧他**足智多谋**⑥，就和他结拜，可没想到他把我扔到井里，活活将我淹死了。更可气的是，他还变成我的样子，当了国王。我死得冤枉，心有不甘呀。师父，你要帮帮我啊！”

唐僧慈悲为怀，见有人落难于心不忍。于是他把这事告诉了徒弟们。三个徒弟一听，也很气愤，第二天就去找妖怪算账。要说那妖怪真有本事，孙悟空和猪八戒跟他斗了好半天，这才将他制服，救活了国王。国王**感激涕零**⑦，感谢了唐僧师徒的救命之恩。第二天，唐僧就带着徒弟们重新上路了。

⑤满腹疑团

心中有很多解不开的疑问。

近义词：大惑不解

反义词：深信不疑

⑥足智多谋

足：充足。有丰富的智慧，很多的计谋。

反义词：一筹莫展

⑦感激涕零

涕：眼泪；零：落下。感激得眼泪都流下来了。形容万分感激。

近义词：感恩戴德

反义词：忘恩负义

趣味练练练

成语练练练

请将下面的成语补充完整。

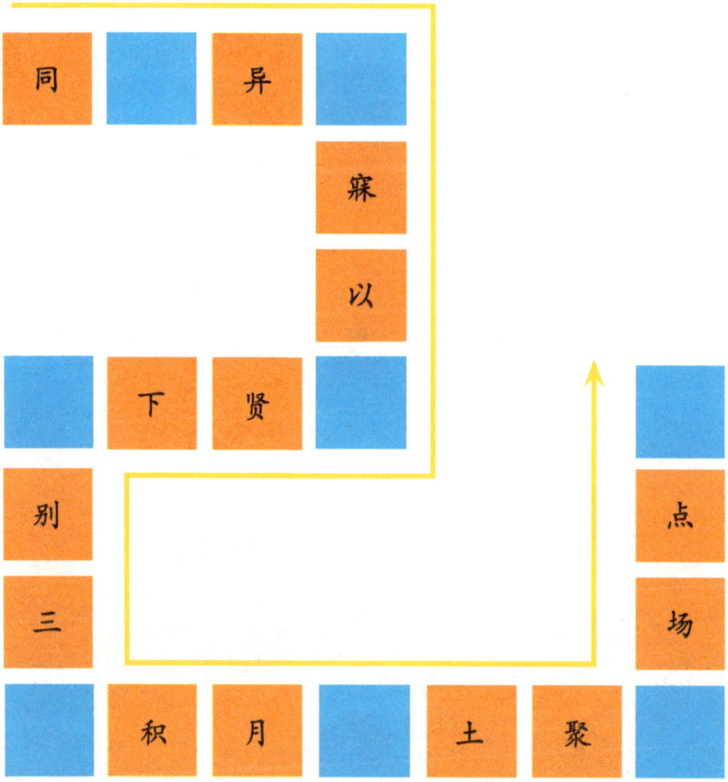

成语大接龙

根据提示，完成下图中的成语接龙。

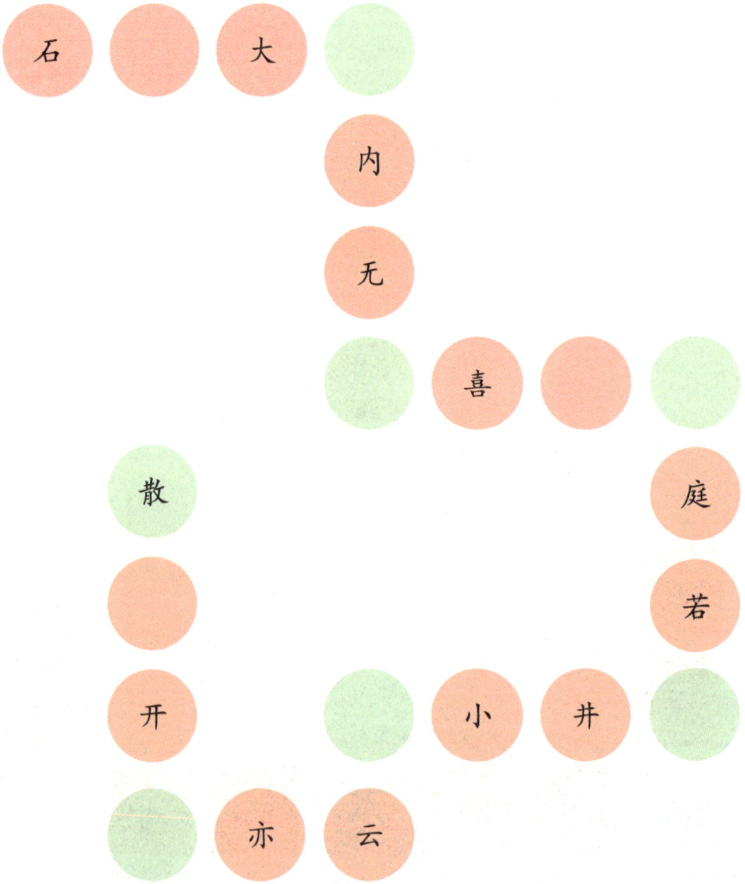

第 7 课

路过通天河，我可不能袖手旁观

如释重负

其貌不扬

犹豫不决

泣不成声

放任自流

成语故事汇

春去秋来，唐僧和徒弟们走了千万里，被一条大河拦住去路。这可把唐僧急坏了，这会儿已经到了半夜，要是找不到借宿的地方，只能在荒山野岭休息了。唐僧东瞧西望，瞧见远处有光亮，这才**如释重负**①，对大家说：“徒弟们，前面有户人家，我到那儿去问问，看看人家愿不愿意收留咱们。”

唐僧刚到门前，瞧见里面走出一个老人过来关门，那老人以为唐僧是来讨斋饭的和尚，就问：“我饭菜都准备好了，你怎么才过来？”唐僧一听，知道是老人家误会了，连忙解释自己是东土大唐的取经和尚。老人

①如释重负

释：放下，解除；重负：重担子。像放下重担子那样轻松。比喻因摆脱困扰或解除负担而感到轻松。

近义词：如牛负重

反义词：轻装上阵

听了很不高兴，责怪唐僧说话不诚实，大唐和这里远隔千山万水，他一个文弱和尚怎么可能走到这儿。

正说着，悟空几个人出现了。那老头见他们**其貌不扬**[2]，吓得跌倒在地，连声叫道："妖怪，妖怪来了，妖怪来了！"唐僧赶紧搀扶起老人，说："老人家别怕，我的徒弟虽长得丑但本领高，他们都是和尚，不会伤害您的。"

②其貌不扬

其：他的；不扬：不好看。指人的容貌平常或不好看。今有时也形容器物。

反义词：一表人才

老人觉得唐僧不是坏人，又见他们是和尚，就请师徒四人到屋里做客，拿些斋饭给他们吃。正吃着，老人家惊讶地发现，唐僧

那几个丑徒弟还真有法术，这个发现让他又惊又喜。

老人问唐僧是怎么找到他家的。唐僧说："天色渐晚，我们就想找户人家借宿，没想到被通天河拦住去路，这才来叨扰您啊。"老人**犹豫不决**[3]，张张嘴又把想说的话咽了下去。唐僧看出老人欲言又止，连忙说："您是不是有心事？"老人见唐僧看出自己有话想说，长叹一口气，说道："唉，那通天河住着妖怪，每年都会让我们村供奉一男一女两个娃娃。今年正好轮到我家。可怜我这老汉，保护不了我的孩子啊！刚才得知你们不是凡人，还望您能施以援手，救救我们呀！"

老人**泣不成声**[4]，唐僧听了也是泪眼婆娑，更痛恨妖怪的罪行。唐僧对老人说："妖怪实在可恶，既然我遇到了这事，就不能**放任自流**[5]。您放心，我的徒弟一定能降伏妖怪。"当天晚上，悟空和八戒联手制服了妖怪，解救了村子里的人。老人喜出望外，赶紧拿出金银珠宝送给唐僧。唐僧怎么会收，他和徒弟们吃完斋饭就上路了。

③犹豫不决

犹豫：迟疑。迟疑、动摇，拿不定主意。

近义词：优柔寡断

反义词：当机立断

④泣不成声

泣：低声哭。低声地哭泣，哭得噎住了，发不出声音。形容极为悲伤。

反义词：乐不可支

⑤放任自流

放任：放纵，不过问。任凭其自然发展，不加过问约束。

近义词：听其自然

反义词：因势利导

趣味练练

田字格游戏

请开动脑筋，将空缺的成语补充完整，注意字要写规范。

忍		吞		势	浩	大
						人
人	惊	鸣		不	口	
马						
	来		去			

成语大接龙

根据提示，完成下面的成语接龙。

张		结		尖	口	
						加
	成	第		莫	长	
列						
前						
	塞		开			

第 8 课

天哪！又被妖精抓走了

冰天雪地
铜墙铁壁
画地为牢
忐忑不安
据为己有
鼠窃狗盗
声泪俱下
虎口余生

成语故事汇

转眼到了寒冬腊月，**冰天雪地**[1]，雪路难行。一天，唐僧和徒弟顶着寒风，翻过一座高山，远远瞧见有一座寺庙。唐僧又累又饿，一步也走不动了，他看见远处的寺庙，这才开心起来，对孙悟空说："这天冷得不行，路又这么难走。幸好前面有座寺庙，咱们到那儿去化缘吧，吃饱了再上路。"

孙悟空觉得那不是普通的寺庙，预感附近有妖怪。于是，他用金箍棒在地上画了个圈，让唐僧待在里面，说："师父，我画的这个圈犹如**铜墙铁壁**[2]，只要你不出去，谁也伤害不了你。"说完，自己到山上去化缘了。

①冰天雪地

冰雪漫天盖地。形容天气十分寒冷。

近义词：天寒地冻

反义词：风和日丽

②铜墙铁壁

比喻非常坚固、不可摧毁的事物或强大的力量。

近义词：固若金汤

反义词：不堪一击

唐僧在圈子里打坐，一晃半个时辰过去了。唐僧左等右等也不见孙悟空回来，这个圈子就像是**画地为牢**[③]，把他困得难受。猪八戒最能体察师父的心情，他笑着说：“师父，坐牢的滋味不好受吧？”唐僧撇撇嘴说：“坐得我腿脚发麻，你有什么好办法吗？”

猪八戒笑嘻嘻地说：“咱们往西走，猴哥一会儿就能赶上咱们，和咱们会合，这样可比待在圈子里安全。”唐僧一琢磨还真是，自己早就饿扁了，等他回来还不知道要等多久。于是，他将孙悟空的叮嘱抛之脑后，跟着猪八戒、沙僧一起走了。

不一会儿，他们就到了寺庙，唐僧心里**忐忑不安**[④]，这孙悟空怎么去了那么久呢？猪八戒是个不客气的主儿，见庙门开着就大摇大摆地走了进去，唐僧、沙僧跟在后头。三个人进了寺庙，猪八戒见桌子上有几件新衣服，就想**据为己有**[⑤]。唐僧说道：“八

③画地为牢

牢：牢狱。在地上画了圈当作牢狱。比喻只准在指定的范围内活动。

近义词：不敢越雷池一步

反义词：放任自由

④忐忑不安

指心里七上八下，心神不宁。

近义词：七上八下

反义词：若无其事

⑤据为己有

据：占据。把公共的或别人的东西当作自己的。

近义词：久假不归

反义词：涓滴归公

戒，你怎么能拿人家的东西？没有跟主人说就拿，那就是偷！咱们不能做**鼠窃狗盗**[6]的事！”猪八戒不管不顾，拿起来就穿，沙僧也跟着穿，刚穿上，那衣服就像施了法似的裹在他们身上，疼得猪八戒、沙僧嗷嗷叫唤。

唐僧吓了一跳，赶紧帮他们脱衣服，可怎么也脱不下来。就在这时，卷起一阵狂风，妖王带着几个小妖出现了。原来这间寺庙就是妖怪变的。那妖怪认出了唐僧，十分开心，卷着风就把唐僧和两个徒弟一起捉走了。

唐僧被捉以后，悔得肠子都青了，一个劲儿地责备自己不该走出孙悟空画的圈子，可如今为时已晚。想到这儿，唐僧不由得**声泪俱下**[7]。

孙悟空化缘回来发现师父不见了，打探一番后才知道师父他们被太上老君的青牛捉去了。孙悟空十分生气，上天庭联合托塔李天王、哪吒三太子、太上老君等众仙，一举端了妖怪的老巢，救出了唐僧一行。孙悟空埋怨唐僧不该不听自己的嘱咐，唐僧连连点头，道：“为师知错了，这次**虎口余生**[8]真是多亏你了，以后一定听你的。”孙悟空这才满意，师徒四人继续向西走去。

⑥鼠窃狗盗

像老鼠和狗那样小量地偷盗。指小偷小摸。

近义词：梁上君子

⑦声泪俱下

俱：都，同时。一边说话，一边哭泣。形容极其悲恸或激动。

近义词：痛哭流涕

反义词：喜笑颜开

⑧虎口余生

虎口：比喻危险的境地；余：留下的，剩下的。比喻经历了极大的危险，侥幸保全生命。

近义词：死里逃生

反义词：在劫难逃

趣味练练练

成语大接龙

根据提示，完成下面的成语接龙。

灯谜成语

将右栏的成语和左栏对应的谜语用线连起来。

烫	杀身成仁
逃　兵	丢盔弃甲
桃子破肚	各抒己见
讨论会	以理服人
剃头师傅	奇货可居
特种仓库	赴汤蹈火

第 9 课

怎么可能，我怀宝宝了

口干舌燥

六神无主

捧腹大笑

大惊失色

焦头烂额

大腹便便

成语故事汇

这天，师徒四人被一条宽阔的河流拦住了去路，四个人在河边踱来踱去。突然，唐僧眼前一亮，笑着说："你们瞧，远处好像有摆渡的，咱们把他叫过来。"猪八戒对着远处的船大声喊了起来，不一会儿，一条小船就停在了岸边。

师徒四人上了船，唐僧瞧那河水清澈见底，顿时觉得**口干舌燥**[①]，就对猪八戒说："八戒，师父渴了，你舀些水来。"猪八戒也口渴了，二话没说舀了一大碗水。唐僧喝了一半，剩下一半都让猪八戒喝了。

不一会儿，他们过了河，唐僧骑着白龙

①口干舌燥

口舌干渴。多形容说话太多。

近义词：唇焦舌敝

马，和徒弟们寻找去路。走了不到半个时辰，他忽然觉得腹部一阵剧痛，疼得他浑身冒汗，把衣服都浸湿了。不一会儿，猪八戒也觉得肚子很疼。两个人疼痛难忍，只能连声喊着："哎哟，哎哟。"没过一会儿，唐僧、猪八戒的肚子竟渐渐大了起来。孙悟空和沙僧急得**六神无主**[2]，只好带他们到集市上求医买药。

师徒四人来到一个村子，瞧见一个老婆婆坐着乘凉。孙悟空问："老婆婆，我师父和师弟刚在那边喝了河水，这会儿肚子疼得厉害，您有止痛的药吗？"老婆婆听了**捧腹大笑**[3]，连忙招呼他们到家里休息。

②六神无主

六神：古时指主宰人的心、肺、肝、肾、脾、胆六脏的神，泛指心神。形容人心慌意乱，拿不定主意。

近义词：六神不安

反义词：泰然自若

③捧腹大笑

捧腹：用手捂着肚子。形容哈哈大笑。

反义词：号啕大哭

唐僧和猪八戒捂着肚子，疼得寸步难行，好不容易才进了屋子。老婆婆笑着说：“我们这里是女儿国，只有女人，没有男人，为了繁衍子孙，女子就喝那条河的水。那河名叫子母河，只要喝了河水就能有孩子。你们喝了子母河的水，肚子里有了小孩，才会肚子疼。”

唐僧听了**大惊失色**[4]，埋怨道：“这可怎么办，我一个和尚怎么能生孩子？”几个人急得**焦头烂额**[5]，唐僧更是欲哭无泪，连声说自己不该喝那河水。老婆婆说：“要想除去胎儿，也有个办法。在南山上有一个聚仙庵，那里有一口泉水，只要喝一口就能恢复正常。”唐僧拉着孙悟空，千叮万嘱要他赶快把泉水讨来。

过了好一会儿，**大腹便便**[6]的唐僧和猪八戒二人才艰难地走到院子里，等着孙悟空回来。就在这时，孙悟空带着泉水回来了。唐僧和猪八戒赶快喝了泉水，大肚子一下就不见了。师徒四人高高兴兴地上路了。

④大惊失色

失色：脸色变得苍白，失去本色。大吃一惊，变了脸色。形容非常惊恐。

近义词：面如土色

反义词：面不改色

⑤焦头烂额

原形容头部被火烧得伤势很重。后来比喻境遇恶劣，做事棘手，十分窘迫难堪的情况。

近义词：狼狈不堪

反义词：游刃有余

⑥大腹便便

便便：肥胖的样子。形容肥胖。

近义词：脑满肠肥

反义词：骨瘦如柴

趣味练练练

成语大接龙

请将下面中的成语接龙补充完整。

大		便	便		行	
						无
						巨
敌		我	寡			细
受						
						末
腹	果		食		衣	节

成语之最

想要答出“成语之最”，就要有这样一种思维：首先，从这个成语中拆解出一个核心，然后联想它的意思，再结合谜面，答案就呼之欲出啦！现在就来试试看吧，请你从成语库中选出合适的答案，填在谜面后的空白处。

成语库

顶天立地	天涯海角	度日如年	十全十美
一手遮天	起死回生	一毛不拔	一尘不染
灵丹妙药	天罗地网	无边无际	铺天盖地
不毛之地	胆大包天		

最荒凉的地方——

最大的手——

最吝啬的人——

最有胆量的人——

最洁净的东西——

最大的地方——

最好的医生——

最遥远的地方——

最高的人——

最长的一天——

最大的网——

最大的被子——

最好的药方——

最完美的东西——

第 10 课

来到了女儿国

门庭若市
默不作声
魂飞魄散
羞人答答
见机行事
两全其美
如梦初醒
啼笑皆非

成语故事汇

话说唐僧师徒离开村子，走了二三十里路，就到了女儿国。唐僧骑着白龙马，瞧着远处**门庭若市**[①]，车水马龙，十分热闹，嘱咐徒弟们说："前面就是女儿国了，咱们是和尚，做事要谨慎。尤其是你，八戒。"猪八戒不好意思地挠挠头，哼哼两句便**默不作声**[②]了。

师徒四人刚进城，城里的百姓就拍手欢笑，大家都笑着说："快看呀，有男人进城了！快来看呀！"那些女人把街道围了个水泄不通，师徒几人寸步难行。猪八戒露出肥

①门庭若市

庭：院子；市：集市，市场。门口和庭院里热闹得像集市一样。原形容进谏的人很多。现形容来的人很多。

近义词：车马盈门

反义词：门可罗雀

② 默不作声

沉默着不说话。

近义词：默默无言

反义词：喋喋不休

头猪脸，把那些女人吓得**魂飞魄散**[③]，孙悟空也龇牙咧嘴，故意吓唬她们，那些女人这才让出道来。

女儿国的国王听说唐僧师徒来访，**羞人答答**[④]地对群臣说：“那唐僧不远万里而来，定是天赐良缘！我想以举国之富，招他为王，我为王后，你们觉得怎么样？”群臣听了都很高兴，连忙给国王贺喜。太师突然说：“国王的想法很好，只是唐僧有三个怪徒弟，这可怎么办？”国王杏眼一转，笑着说：“他们来这儿是为了通关，我叫他们三个徒弟去取经，只留下唐僧就行了。”大家听了顿时满心欢喜。

女官把唐僧师徒带到皇宫。这时宫内走

③魂飞魄散

魂、魄：古人认为人的精神能离开身体而存在，称离开人体的精神为“魂”，称依附于人体而显现的精神为“魄”。魂飞了，魄也散了。形容惊恐万状，不知如何是好。

近义词：失魂落魄

反义词：临危不惧

④羞人答答

答答：在此指害羞的样子。形容难为情，不好意思。

近义词：扭扭捏捏

反义词：落落大方

来了太师，笑着说要给国王说亲。这话可把唐僧吓坏了，他低着头，不敢言语。猪八戒**见机行事**[5]，笑着说：“太师，既然说亲，不如你招了我，让他们去取经。”太师瞧他丑陋无比，吓了一跳，连忙说：“我们国王只想嫁给唐僧，你们就别开玩笑了。”

唐僧来到皇宫是想让国王加盖通关文牒，从来没想过还俗娶妻，太师步步紧逼，三个徒弟也瞎捣乱，这让他跟热锅上的蚂蚁似的，但也只能干着急。就在这时，孙悟空凑到唐僧耳边，小声说：“师父，你先答应了她，等她加盖了通关文牒，放我们走以后，我再想办法把你救出来。这样咱们既能离开这儿，也不会伤害她们，岂不**两全其美**[6]？”唐僧听了**如梦初醒**[7]，这才松了口气。

猪八戒是个贪吃鬼，进了皇宫早就把师父的事抛在九霄云外了。他嬉皮笑脸地说：“反正师父要成亲了，咱们就吃了喜酒上路吧！”唐僧听了气得脸一会儿红、一会儿白，其他人也是**啼笑皆非**[8]。国王只好满足他的要求，大摆素宴款待他们。

⑤见机行事

机：时机；行：进行，做，办。形容看情况办事。

近义词：随机应变

反义词：刻舟求剑

⑥两全其美

做一件事顾全两个方面，使双方都能得到好处。

近义词：一举两得

反义词：两败俱伤

⑦如梦初醒

像刚从梦中醒来。比喻从糊涂、错误的认识中突然醒悟过来，发觉事物的真相。

近义词：恍然大悟

反义词：执迷不悟

⑧啼笑皆非

啼：哭；皆非：都不是。哭也不是，笑也不是。形容处境尴尬，既使人难受，又令人发笑。

近义词：哭笑不得

趣味练练

成语大接龙

将下图中的成语接龙补充完整。

填数字学成语

下面六个句子中各用了一个成语，每个成语中都有两个数字。快来把空格填满吧。

1. ____颜____色的焰火在天空中绽放着灿烂的花朵。

2. 他准备得很充分，这次拿冠军是____拿____稳的事儿。

3. 他细心地把这次旅游的账目算得____清____楚。

4. 风儿一吹，那棵老树上____零____落的几片黄叶就像蝴蝶一样飘落下来。

5. 只要是班集体的事，他都____方____计地去做好。

6. 你做事细致点儿，不要总是丢____落____的。

第 11 课

国王，你可别吓我

婀娜多姿

垂涎三尺

金蝉脱壳

无牵无挂

熙熙攘攘

大吃一惊

成语故事汇

吃完喜酒，女儿国国王出来相迎，见唐僧果然仪表非凡，心里十分欢喜。那女儿国国王轻言细语，**婀娜多姿**[1]，猪八戒见了也忍不住**垂涎三尺**[2]。文武百官看到唐僧的模样，都为国王能嫁个好丈夫而欢喜。

太师说："今天就是个好日子，国王就和御弟成亲吧。明天就请御弟登基。"大臣们一个个欢天喜地，唐僧按照孙悟空定下的计谋行事，对国王说："多谢您设宴款待，您就给我的徒弟们倒换关文吧，也好打发他们去取经。"

①婀娜多姿

婀娜：轻盈柔美。形容轻盈柔美的姿态。

近义词：绰约多姿

②垂涎三尺

涎：口水。口水流下来有三尺长。形容嘴馋想吃。也比喻十分贪婪，渴望得到别人的好东西。

近义词：垂涎欲滴

③金蝉脱壳

壳：坚硬的外皮。蝉由幼虫变为成虫时要脱壳而出。比喻用计脱身而又留下假象，使对方不能及时发现。

近义词：瞒天过海

国王不知道这是**金蝉脱壳**[③]之计，就答应了。国王看到关文上只有唐僧一个人的名字，好奇地问："御弟哥哥，怎么关文上没有你徒弟的名字？"唐僧说："我这三个徒弟不是大唐的子民，是我路上收的，所以关文上没有他们的名字。"听完，国王把关文签好，盖上御玺，递给了孙悟空。

国王命人取来碎金碎银、锦绣罗衣送给孙悟空，说：“这些都送给你们，等你们取得经书，还有更丰厚的奖赏。”孙悟空谢绝了国王的好意，只要了三升米。

唐僧对国王说：“陛下，让我把徒弟们送出城吧，送完他们我也就**无牵无挂**[4]了，好和您留在女儿国。”国王答应了，和唐僧一起送他的三个徒弟出城。大街上**熙熙攘攘**[5]，人们都想看看新国王长什么样子。

出了城门，孙悟空大喊一声：“国王不用送了！”就在这时，唐僧下了凤辇，对国王施礼说：“陛下，多谢您的一番美意！只是我早已身归佛门，以普度众生为己任，实在不能安享富贵。请陛下原谅，让我去取经吧。”国王**大吃一惊**[6]，问道：“御弟哥哥，不是说好了，咱们成亲以后，我就把王位让给你，难道你不想要我了？”这时，猪八戒跑了过来，吓得国王花容失色，只好放走了唐僧。

④无牵无挂

牵：牵扯；挂：挂念。指没有拖累和挂念。

近义词：无忧无虑

反义词：牵肠挂肚

⑤熙熙攘攘

熙熙：和乐的样子；攘攘：纷乱的样子。形容人来人往，喧闹纷杂。

近义词：人来人往

反义词：杳无人迹

⑥大吃一惊

形容很惊讶的样子。

近义词：大惊失色

反义词：不出所料

趣味练练练

成语迷宫

小朋友们，下面是接龙方阵，从“斗”字开始，看看谁能顺利闯关。

		斗		昂	扬		后	世		桃	源	
												流
力		从	心	平		和		可	亲			长
			玉	叶					无			不
吹		金							间			一
		石							容			
雨									发			天
				星	流		大	光				
风												
风		穴	空	天		海	人		人	近		平

成语大接龙

根据提示，完成下面的成语接龙。

一		冲	天		地	
						纵
稀						横
星						
						竖
	捞			过	仙	

第 12 课

半路又遇上了妖魔

腾云驾雾

一厢情愿

怒不可遏

怒气冲冲

成语故事汇

唐僧和徒弟们出城时，忽然刮起一阵妖风，一个女妖怪一把将唐僧从马上抓起来，笑着说：“唐御弟，你还是和我走吧！哈哈，哈哈……”众人被妖风吹得睁不开眼，等睁开眼时，唐僧已经不见了。孙悟空大怒，叫上猪八戒追着妖风救师父去了。女儿国国王见二人能**腾云驾雾**[①]，感叹道：“原来是罗汉下凡！”

那女妖怪是个蝎子精，她见唐僧仪表不凡，竟**一厢情愿**[②]地想嫁给他。她把唐僧拐进琵琶洞，笑着说：“唐御弟，我这里虽不是女儿国的宫殿，不比那里富贵奢华，倒也

①腾云驾雾

升上云端，驾起云雾，在天空中行走。也形容行走速度极快或晕头转向。

近义词：风驰电掣

反义词：慢条斯理

②一厢情愿

也作“一相情愿”。一厢：一边。指只管自己一方同意，而不管对方是否同意。也泛指办事完全从主观意愿出发，不考虑客观条件是否允许。

近义词：自作多情

反义词：两情相悦

清闲自在，适合看经念佛。我对你一见倾心，只想和你做夫妻。”唐僧吓得面黄唇白，脑袋嗡嗡作响。

孙悟空和猪八戒紧跟其后，刚才这一幕正好被孙悟空瞧见了。他见师父受到威胁，**怒不可遏**[3]，立刻现身大骂：“呸！你这个妖怪，快放了我师父。”话没说完，孙悟空就和妖怪打了起来。那蝎子精有些本事，孙悟空也没能打败她。

③怒不可遏

遏：止。愤怒得无法抑制。

近义词：怒火中烧

第二天，孙悟空变成一只小蜜蜂悄悄飞进琵琶洞，落在唐僧头上，喊道：“师父。”唐僧听出了孙悟空的声音，说：“悟空，你来了？快救救我！”他们的说话声惊动了蝎子精，她**怒气冲冲**[④]地走了过来，孙悟空一溜烟儿没影了，只剩下唐僧一人。

孙悟空逃出妖洞，正好遇见观音菩萨。观音菩萨知道唐僧有难，特来给孙悟空指点迷津，他让孙悟空去天上找昴日星官帮忙。孙悟空请来昴日星官，跟猪八戒三人联手，这才制服蝎子精，救出了唐僧，继续上路了。

④怒气冲冲

冲冲：愤怒、激动的样子。形容满脸的怒气，异常激动。

近义词：怒气冲天

反义词：心平气和

趣味练练练

成语爬楼梯

下图每个台阶中都包含一个成语，请按自下而上的顺序把它们补充完整。

举													
□													
而													
□													
□	重	□	临										
			祸										
			大	□	高								
					□	宁	□						
							息	不	□				
									川	百	□		
											海	似	□
													情

褒贬不一

褒义词一般表示赞许、好的意思，贬义词则表示不赞成、坏的意思。所以，褒义词和贬义词是不能混用的。现在，你来判断下面的句子中是否有“褒词贬用”或“贬词褒用”的情况，并填在每个句子后面。

1. 这人鼠肚鸡肠，大家都不愿意跟他做朋友。
2. 这次的晚会办得虎头蛇尾，大家开心极了。
3. 做人不要鹤立鸡群，免得被大家排挤。
4. 王总的这段话真是狗尾续貂，恰到好处啊！
5. 自己有真才实学才是硬道理，跟在别人后面狐假虎威是没有前途的。
6. 犯罪团伙的头目落网后，他手下的虾兵蟹将纷纷四散而逃。

第 13 课

小雷音寺倒大霉

斗转星移

草长莺飞

火眼金睛

谈何容易

后悔无及

胆大妄为

感慨万端

成语故事汇

唐僧师徒一路向西前进，**斗转星移**[1]，又到了**草长莺飞**[2]的时节。一路上芳香四溢，绿草如茵。唐僧一边欣赏景色，一边骑着马往前走。忽然，他抬头望见远处有一座寺院，寺院被烟云笼罩，耳畔还传来一声声清脆的钟鸣。

唐僧说：“徒弟们，前面是什么地方？”孙悟空用**火眼金睛**[3]一望，发现寺院被妖气笼罩，说：“师父，前方去不得，那里有妖怪。”唐僧说：“那里有雷音之景，难道不是到了灵山？你不要拦着我。”于是，他一提缰绳，朝着寺院赶去。孙悟空没办法，只

①斗转星移

斗：北斗星。北斗转了向，星辰移了位。指一夜之间时间的推移。后也泛指时序变迁，岁月流逝。

近义词：光阴荏苒

②草长莺飞

绿草茂盛，黄莺飞舞。形容春天的美好景色。

近义词：莺歌燕舞

③火眼金睛

原指孙悟空能识别妖魔鬼怪的眼睛。后多指人眼光十分犀利，能洞察一切。

近义词：明察秋毫

反义词：有眼无珠

好跟在后面。

到了寺院门前，唐僧抬头一看，惊喜地说：“徒弟们快看，上面写着‘雷音寺’，咱们这是到灵山了！”孙悟空看了一眼说：“师父，你再看看。”唐僧仔细一瞧，还真是自己看错了，前面还有一个“小”字呢。唐僧高兴地说：“原来是小雷音寺，想来寺里一定供奉着哪位佛祖、菩萨的神像。咱们进去参拜吧。”说完，他取出袈裟，手拿禅杖走进了大殿。三个徒弟跟在唐僧身后。

走进大殿，只见四大金刚、五百罗汉等分列两侧，如来佛祖高高地坐在莲花台上。唐僧和猪八戒、沙僧见了众佛，立马跪下来参拜。

孙悟空心里琢磨：到灵山**谈何容易**[④]？这里一定有古怪。他用火眼金睛一看，坐着的根本不是如来，而是一个凶恶的妖怪。他掏出金箍棒就打，谁想那妖怪本事大，竟把他们都抓了起来。唐僧这时再看，哪有什么罗汉、僧人，个个都是面目狰狞的妖怪。

唐僧**后悔无及**[⑤]，只怪自己没有听孙悟空的话。孙悟空趁妖怪们不注意，施了个分身术到天上搬救兵。弥勒佛也知道了此事，前往助阵。那妖怪叫黄眉大王，是弥勒佛的童子。他**胆大妄为**[⑥]，趁弥勒佛不在，偷偷下凡作恶。多亏弥勒佛及时相助，才能顺利将他降伏。唐僧获救以后**感慨万端**[⑦]，休息了半天后，又踏上了取经的征程。

④谈何容易

原指封建时期臣下向君主进言不能轻易从事。现在一般指事情做起来并不像嘴上所说的那么简单。

反义词：轻而易举

⑤后悔无及

事后懊悔已来不及了。

近义词：悔不当初

⑥胆大妄为

妄为：胡作非为。形容肆无忌惮地干坏事。

近义词：肆意妄为

反义词：安分守己

⑦感慨万端

感慨：有所感触而慨叹；万端：头绪极多而纷繁。感触很多而不胜感叹。

反义词：无动于衷

趣味练练

灯谜成语

根据左栏的谜面，从右栏的成语中找到相应的谜底，用线连起来。

盗亦有道	凿壁借光
趴在地上	纸上谈兵
孔　明	强词夺理
赵括打仗	高人一等
矮个子先进	五体投地

成语练练练

根据提示，完成下面的成语接龙。

车	水			腾	虎	
			风			然
			淡			纸
	志	凌				
气						善
直						若
	达	情		不	泄	

第 14 课

好厉害的蜘蛛精

青山绿水

面面相觑

不由分说

自投罗网

痴人说梦

惊喜若狂

成语故事汇

话说唐僧师徒一路西行，转眼间又到了春天。这天他们又走进一座山里，周围**青山绿水**①，景色宜人。唐僧说："徒弟们，往日都是你们辛苦去化缘。今天这顿饭就让为师去吧！"说完，他拿着钵盂就去化缘了。唐僧走过桥看见几间茅草屋，屋前有七个姑娘嬉戏玩耍。唐僧本想绕开姑娘去前面化缘，又害怕前面没有人家，只好硬着头皮走过去。

> **①青山绿水**
>
> 形容美丽如画的河山。
>
> 近义词：山清水秀
>
> 反义词：穷山恶水

唐僧双手合十，说："女施主，贫僧有礼了！"姑娘问："你有什么事吗？"唐僧回答："贫僧从东土大唐而来，特向施主化

②面面相觑

觑：看。你看我，我看你，都不知如何是好。

反义词：从容不迫

③不由分说

不由：不听从，不容许；分说：辩白。不容许分辩。

近义词：不容置喙

反义词：强词夺理

一顿斋饭。”

七个姑娘听了**面面相觑**[②]，猜出唐僧的身份，笑着说：“师父远道而来，到家里休息吧。”几个姑娘**不由分说**[③]，拉着唐僧就走。唐僧一下慌了神，心里暗叫：坏了，我好像落入妖怪们的圈套了。这可怎么办？唐僧一边挣扎一边说：“多谢女施主盛情，我还是

先走吧。”

带头的女妖哈哈大笑，一把将唐僧推进茅屋，说：“唐僧，你这是**自投罗网**[④]，进了我们姐妹的盘丝洞，你还想走，简直是**痴人说梦**[⑤]。”

“盘丝洞？”唐僧仔细一看，哪儿还有什么茅屋，眼前只有一座山洞，山洞里到处都是蜘蛛网。七个女妖掀开衣服，露出肚脐。唐僧赶紧把眼睛闭上。那七个女妖从肚脐里喷出绳子一样粗的蛛丝，把唐僧结结实实地捆起来。

带头的女妖说：“姐妹们，听说吃一口唐僧肉能长生不老，咱们先去沐浴更衣，一会儿回来吃唐僧肉！”其他女妖听了**惊喜若狂**[⑥]，笑嘻嘻地洗澡去了。

④自投罗网

投：进入；罗网：捕捉鸟的网。自己进入罗网里去。比喻自己主动投入别人所设的圈套。

近义词：自掘坟墓

反义词：全身远害

⑤痴人说梦

痴：傻。原指对着傻子不可说梦话，怕傻子信以为真。现用来讥讽那些天真幼稚的说法。也指某些荒谬、怪诞的话。

近义词：白日做梦

⑥惊喜若狂

又惊又喜，像发了狂似的。形容惊喜到了极点。

近义词：欣喜若狂

反义词：悲痛欲绝

趣味练练练

快乐成长梯

请你在下列空格里填上正确的字，使每行成为一个完整的成语或俗语。

露____脚

____可思议

久旱逢____霖

神不知____不觉

船到江心补____迟

智者千____，必有一失

冰冻三尺，____一日之寒

少壮不努力，老大____伤悲

成语里的小秘密

照例子把下面的成语补充完整，所填的字前后应组成我国某个省、市的名称。

例子：来日方（长）（沙）里淘金

重于泰（　　）　　　　（　　）山再起

同舟共（　　）　　　　（　　）征北战

人山人（　　）　　　　（　　）辕北辙

五湖四（　　）　　　　（　　）是心非

跃然纸（　　）　　　　（　　）阔天空

人定胜（　　）　　　　（　　）津乐道

第 15 课

我被困在盘丝洞

无声无息

乘人之危

一五一十

斩草除根

成语故事汇

孙悟空和猪八戒、沙僧左等右等，也不见师父回来，心里十分焦急。孙悟空等不及了，就变成一只苍蝇去找唐僧，他飞过木桥，发现了盘丝洞，**无声无息**①地钻了进去。刚进洞就看见唐僧被五花大绑捆在石柱上。

孙悟空找到了师父，正打算离开寻求解救的办法，突然听见洞外传来一阵阵欢声笑语。原来是几个女妖正打算去水里洗澡，孙悟空自言自语道："我现在要是打死妖怪，虽然不费吹灰之力，可被人知道了一定会说我**乘人之危**②。"

①无声无息

声：声音；息：气息。没有声音，也没有气息。形容没有动静，或没有产生影响等。

近义词：默默无闻

反义词：大张旗鼓

②乘人之危

乘：趁。趁人遭到危难时进行要挟或侵害。

近义词：落井下石

反义词：雪中送炭

于是，孙悟空念了个口诀，变成一只饥饿的老鹰，叼走了那七个女妖的衣服。他翻了一个跟头，一转眼又回到了猪八戒和沙僧面前，变回原身，把衣服扔在了地上。猪八戒和沙僧看到衣服都很疑惑，不知道是怎么回事。孙悟空说：“这是妖怪的衣服。”猪八戒问：“怎么会有这么多衣服？”孙悟空就把师父和女妖的事情**一五一十**③说了一遍。猪八戒听完后，说：“我们应该先去打跑女妖，再把师父救出来，这才叫‘**斩草除根**④’。”孙悟空说：“我不想打她们。要打，你去打吧。”猪八戒便扛着钉耙去找女妖了。

③一五一十

形容从头到尾，原原本本，叙述没有一点遗漏。

近义词：原原本本

反义词：含糊不清

④斩草除根

比喻彻底铲除祸根，不留后患。

近义词：削株掘根

反义词：放虎归山

趣味练练练

成语乐翻天

在括号里填上合适的成语。

胆子最大——（　　　　　　　　　　）

行走最快——（　　　　　　　　　　）

才学最高——（　　　　　　　　　　）

看得最近——（　　　　　　　　　　）

最高的人——（　　　　　　　　　　）

最长的腿——（　　　　　　　　　　）

成语练练练

根据提示，完成下面的成语接龙。

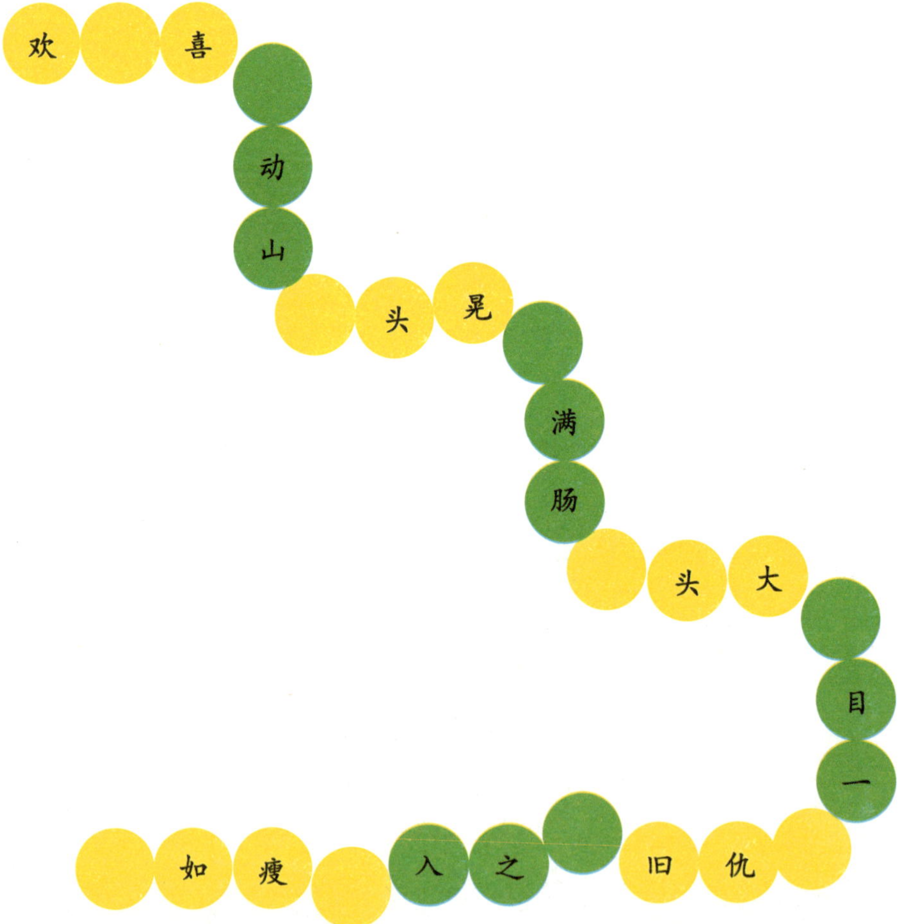

第 16 课

一波未平，怎么还有个蜈蚣精

金碧辉煌

痛不欲生

大打出手

得意扬扬

从容不迫

成语故事汇

经过一番打斗，女妖被猪八戒吓跑了。猪八戒见机会来了，赶紧和孙悟空、沙僧冲到洞里，扯断蜘蛛丝救出了唐僧，之后师徒四人又继续赶路。

走了半天，他们看见远处有一座**金碧辉煌**①的道观，就想到那里化缘。观主是个身穿黑袍、脸色紫黑的老道士，他听说唐僧师徒想吃斋饭，就请他们进观休息。唐僧见这位观主气度不凡，又和善有礼，就到观里做客。不过，接下来观主的行为让唐僧师徒不敢相信。观主给他们沏的茶是毒茶，除了孙悟空，大家喝了茶以后都**痛不欲生**②。

①金碧辉煌

金碧：金黄色和碧绿色。形容建筑物、陈设等华丽精致，光彩耀目。

近义词：富丽堂皇

②痛不欲生

痛：痛苦；欲：想；生：生存。指十分伤心，不想继续生存下去。

近义词：悲痛欲绝

反义词：欣喜若狂

原来那道观的主人是七个蜘蛛精的师兄蜈蚣精。女妖们逃跑后，就找师兄替她们报仇，没想到唐僧不请自来，正中妖怪们的诡计。

孙悟空举起金箍棒和老道士**大打出手**③，突然，那老道士脱下袍子，两肋下的一千只眼睛放出万道金光。孙悟空被那金光刺得睁不开眼，皮肤像针扎一样疼，大叫一声“哎呀”，躺倒在地。老道士**得意扬扬**④

③大打出手

打出手：戏剧用语，以一个角色为中心，同时与几个对手开打，形成种种武打场面。形容逞凶打人或相互殴斗。

近义词：拳打脚踢

④得意扬扬

形容非常得意的样子。

近义词：得意忘形

反义词：垂头丧气

地说："知道我金光的厉害了吧！哈哈……"说完，他乘着风离开了。

原来这老道士是百眼魔君，法术非常厉害，他放出的金光晃得人睁不开眼，刺得皮肤如刀割一样疼，要想降伏他，必须去请昴日星官的母亲——毗蓝婆相助。

孙悟空请来毗蓝婆。毗蓝婆面对妖怪，**从容不迫**[5]地掏出一根绣花针（据说这根针非铜非铁、非金非银，是从昴日星官的眼睛里炼出来的），往天上一抛，就降伏了百眼魔君。后来，毗蓝婆还给唐僧、猪八戒和沙僧解了毒。唐僧师徒再次得救，大家开开心心地上路了。

⑤从容不迫

从容：不慌不忙，镇静沉着；迫：慌张。形容临事镇静不慌。

近义词：不慌不忙

反义词：惊慌失措

趣味练练

数字成语

将下列“数字形”的成语接龙补充完整。

聚			神	下	白
			通	落	发
				不	苍
异		同	大		
口				明	
同					有
	泪		下	白	力

字母接龙

将下图“字母形”的成语接龙补充完整。

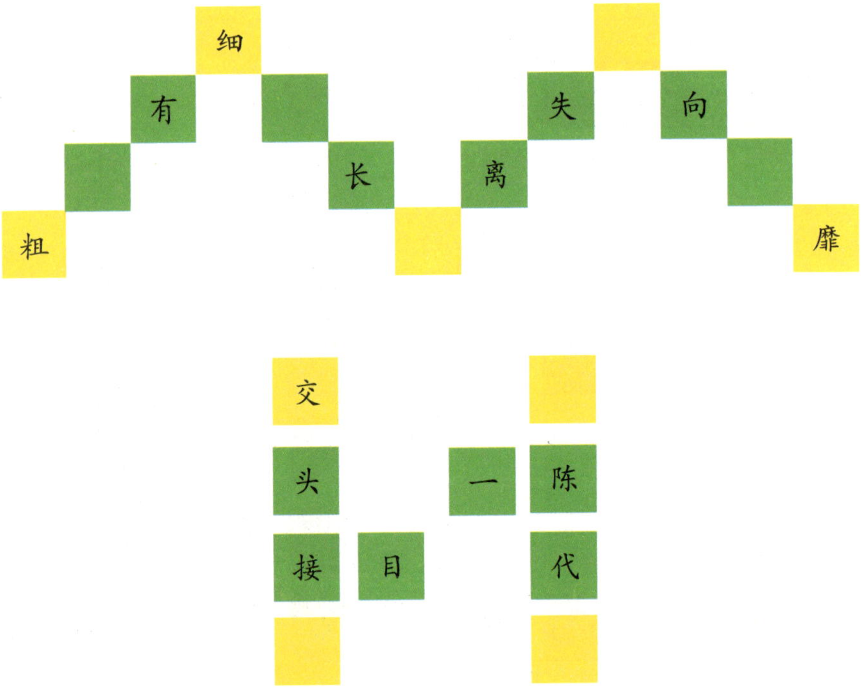

第 17 课

比丘国换关文

人来人往

愁眉苦脸

惊慌失措

一见钟情

萎靡不振

灵丹妙药

成语故事汇

话说唐僧师徒一路向西来到比丘国，四人说说笑笑进了城。只见街上**人来人往**①，但大家都**愁眉苦脸**②的，见了他们也都躲躲闪闪。师徒四人觉得城里气氛诡异，他们发现家家户户门前都挂着一只大笼子，用青布罩着。唐僧满腹狐疑，就让孙悟空变成蜜蜂前去查看。不一会儿，孙悟空现出原形，**惊慌失措**③地说："师父，笼子里关的都是五六岁的小男孩。"唐僧也不明就里，师徒四人带着一肚子疑惑找到了驿站住下。

吃完饭，唐僧找来驿官，问道："早上我们进城的时候，看见每家门口都挂着两只

①人来人往

形容来来往往的人多，接连不断。

近义词：川流不息

反义词：杳无人迹

②愁眉苦脸

由于忧愁而皱着眉头，哭丧着脸。形容忧愁苦恼的神情。

近义词：愁眉不展

反义词：眉开眼笑

③惊慌失措

惊恐慌乱，不知怎么办才好。

近义词：仓皇失措

反义词：安之若素

笼子，里面关着小孩，这是怎么回事儿？”驿官左看右看，见四周没人，压低了声音说：“唉，原本我们这是个富庶的国家。三年前，有个老道士把一个美貌女子献给国王，国王对她**一见钟情**[4]，就封她做了王后，又拜那老道为国丈。不久后，国王就生了怪病，国丈说要用 1111 个小男孩做药引子，才能治好国王的病。于是，国王就下令让我们把自己的小孩主动献出来，否则满门抄斩。”唐僧听了非常难过，双手合十说：“阿弥陀佛！这要坑害多少孩子的性命？我们一定会想办法救你们！”

第二天，唐僧和孙悟空到王宫倒换关文。进了王宫，唐僧发现国王**萎靡不振**[5]地歪坐在宝座上。国丈听说唐僧来了，就动了吃唐僧肉的心思。等唐僧走后，国丈就告诉国王，唐僧的心脏是**灵丹妙药**[6]，国王一听立即就让他把唐僧捉来。

④一见钟情

钟：集中；钟情：感情专注。指男女之间一见面就产生了爱情。也指对某一事物一见就有了感情。

近义词：一见倾心

⑤萎靡不振

萎靡：颓丧，消沉。形容消沉、颓丧，精神不振作。

近义词：垂头丧气

反义词：精神抖擞

⑥灵丹妙药

灵验有效的仙丹，奇妙的药物，可治百病。也比喻能解决一切问题的好办法。

近义词：锦囊妙计

国丈想了各种诡计杀害唐僧，都被孙悟空识破了。最终，国王知道自己受了妖怪的蒙蔽，从此改过自新。百姓知道是唐僧师徒解救了他们，心里十分感激，恭恭敬敬地送他们四人出城。唐僧见百姓生活安宁，心里别提多高兴了，安心和徒弟取经去了。

趣味练练练

成语对对碰

下面是首尾两字相同的成语，请把这些成语填写完整。

举 ______ 举	数 ______ 数	防 ______ 防
微 ______ 微	日 ______ 日	神 ______ 神
忍 ______ 忍	为 ______ 为	精 ______ 精
见 ______ 见	闻 ______ 闻	贼 ______ 贼
痛 ______ 痛	话 ______ 话	天 ______ 天

看诗句猜成语

请将下列诗句与对应意思的成语用线连起来。

高堂明镜悲白发	一日千里
千里江陵一日还	百读不厌
读书破万卷，下笔如有神	山高水长
飞流直下三千尺	玉壶冰心
洛阳亲友如相问，一片冰心在玉壶	顾影自怜
旧书不厌百回读，熟读深思子自知	胸罗万卷

第 18 课

天竺国遇真假公主

翻山越岭

不知不觉

哄堂大笑

川流不息

不偏不倚

成语故事汇

唐僧师徒**翻山越岭**[①]，来到了天竺国，沿途都是巨大的椰子树和芭蕉树。天竺国和中原的风光不同，到处阳光明媚，鸟语花香。师徒四人一边欣赏异域风情，一边赶路，**不知不觉**[②]来到了布金寺。

寺院的老和尚听说唐僧师徒是从东土大唐来的，心里十分敬佩，连忙请他们到寺院休息，还为他们准备香喷喷的斋饭。吃饭时，猪八戒倒是毫不客气，伸手抓了一大把米饭放进嘴里。唐僧苦恼地说：“八戒，斯文一点儿！”谁知猪八戒哈哈笑道：“斯文？斯

①翻山越岭

翻越过一座又一座山岭。形容长途跋涉。

近义词：跋山涉水

②不知不觉

没有意识到，无意之中。

近义词：不因不由

③哄堂大笑

指满屋子的人同时大笑起来。

反义词：鸦雀无声

文又不能当饭吃。”说完，大家**哄堂大笑**[③]。当晚，唐僧师徒就住在了布金寺。

第二天，老和尚带唐僧师徒参观寺院，路过一间小屋时，听见一个姑娘的啼哭声，她自称是天竺国的公主。可是，哪有公主住在寺院里呢？就连老和尚都说她胡言乱语。

唐僧师徒离开了布金寺，牵着马进城来。只见街上行人来来往往，**川流不息**④，十分繁华。正当师徒四人看热闹时，忽然前面的人群一阵骚动，只听有人高喊：“公主要抛绣球了！”唐僧放眼望去，前面的一座彩楼上站着一位公主，公主手里拿着绣球，千娇百媚。只是她的样貌好像在哪儿见过。

④川流不息

川：河流；息：停止。像河水那样流个不停。比喻来往的人或车辆、船只很多。

近义词：络绎不绝

就在这时，公主看见了唐僧，顿时倾心于他，把绣球向他一抛。那绣球**不偏不倚**⑤，正好砸在唐僧头上。公主笑着说：“我正在抛绣球选驸马，绣球选中了长老，就请长老跟我进宫吧。”话音刚落，几个侍卫就将唐僧连拖带拽地拉走了。

⑤不偏不倚

偏倚：不正，斜向一边。原指儒家的中庸之道。后指态度公正，不偏向任何一方。也形容一点儿不歪，正中目标。

近义词：允执厥中

反义词：厚此薄彼

趣味练练

旋涡接龙

将下图“旋涡形”接龙补充完整。

成语藏在广告语里

给广告语“消毒”，使其恢复原貌。
例：消炎药：快治人口——（脍炙人口）

热水器：随心所浴——（　　　　　　）

止咳药：咳不容缓——（　　　　　　）

摩托车：骑乐无穷——（　　　　　　）

营养液：口蜜腹健——（　　　　　　）

第 19 课

原来你是玉兔啊

金枝玉叶

张口结舌

一模一样

狼吞虎咽

皆大欢喜

成语故事汇

唐僧被公主一行人带到了王宫，国王听说女儿的心上人是大唐的和尚，顿感五雷轰顶，阻止说：“女儿呀，他是大唐的和尚，你是**金枝玉叶**[①]，你怎么能嫁给他呢？”公主急得哭了起来，说自己除了唐僧谁也不嫁。国王心疼女儿，只好说：“好好好，就依你！”

国王见了唐僧，就下旨让他和公主成亲。唐僧吓得**张口结舌**[②]，只能说：“使不得，使不得！我是出家人，怎么能娶公主……”国王听了，脸色一沉，说：“放肆！我以一国之富招你为驸马，你不要敬酒不吃吃罚

①金枝玉叶

原指珍奇的树枝与树叶，后用以比喻帝王子孙。也泛指出身高贵的人。

反义词：村夫俗子

②张口结舌

结舌：舌头像打了结似的不能活动。张着嘴说不出话来。指理屈词穷或因害怕、紧张、惊恐等原因说不出话来。

近义词：哑口无言

反义词：口若悬河

酒！你要是不娶公主，我就杀了你。”唐僧一听，赶紧岔开话题，想找三个徒弟来解围，于是说：“陛下，我还有三个徒弟，正在殿外候旨。”

国王把孙悟空三人宣进殿内，见他们其貌不扬，差点儿从宝座上摔下来。孙悟空一眼就看出公主头上有妖气，又见她长得和寺院里的姑娘**一模一样**[3]，便猜这个公主十有八九是个妖怪。公主见了孙悟空心里发虚，不敢直视他，想把唐僧的三个徒弟赶走，拉着国王的手说：“父王，他们三人长得吓人，快给他们倒换关文，让他们西去吧。”

傍晚时分，国王摆上一大桌美味佳肴，给孙悟空三人饯行。猪八戒一屁股坐在绣墩上，**狼吞虎咽**[4]地吃了起来，早就把师父抛在一旁。唐僧没心思吃喝，小声问孙悟空该怎么脱身。孙悟空让他先假装答应，他自有办法。

③一模一样

相貌一样。形容样子完全相同。

近义词：毫无二致

反义词：迥然不同

④狼吞虎咽

像狼和虎那样吞咽东西。形容吃东西又急又猛。

反义词：细嚼慢咽

第二天，孙悟空三人离开王宫，唐僧被强迫筹备婚礼。出了王宫，孙悟空三人回到布金寺，到那里一问，果然住在寺院里的姑娘才是天竺国真正的公主。为了营救师父，孙悟空三人带她回到天竺国，和假公主对质。国王见有两个公主，丈二和尚摸不着头脑，不知道该怎么办。孙悟空掏出金箍棒，想一棒打死假公主。假公主被吓坏了，只好仓皇逃跑。

孙悟空紧追不舍，跟着飞上了天，遇到了太阴星君。太阴星君告诉他："这妖怪是广寒宫的玉兔。"

孙悟空听了立马飞到广寒宫，将玉兔的所作所为告诉嫦娥。嫦娥来到天竺国上空，高喊："畜生，还不快跟我回去！"那假公主听了，立刻趴在地上现出原形，果然是一只雪白的兔子。嫦娥将玉兔抱在怀里，飞回了广寒宫。

猪八戒望着嫦娥的背影，魂都跟着走了。唐僧见他那副没出息的样子，只好说："行了，咱们收拾收拾上路吧。"这下**皆大欢喜**⑤，唐僧师徒也能继续踏上取经之路了。

⑤皆大欢喜

皆：都。大家都很高兴、满意。

近义词：大快人心

趣味练练练

神龙摆尾

按照从上到下的顺序，将下图数字“3”接龙补齐。

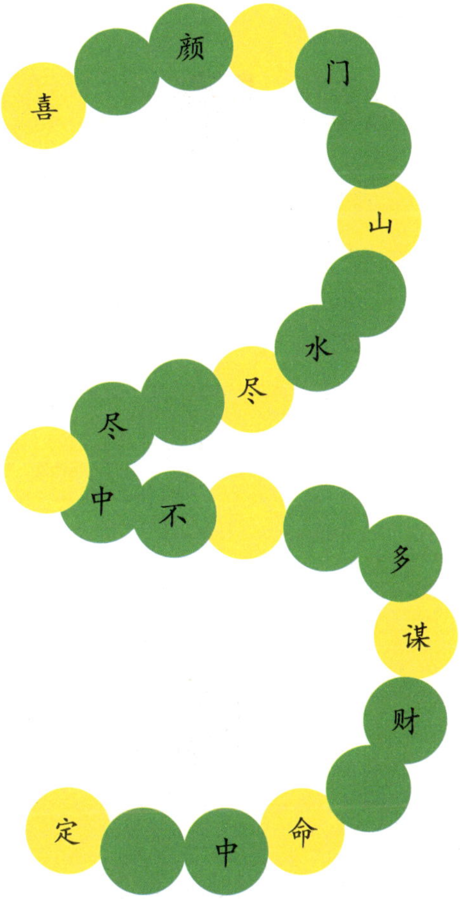

成语总动员

根据提示，完成下面的接龙方阵，将空缺处补齐。

电		石		树	银	
						言
生						语
						重
笑						
	常	生			生	长

第 20 课

功夫不负有心人，取经回来啦

雕梁画栋

巍然屹立

跋山涉水

三年五载

异乎寻常

成语故事汇

话说唐僧师徒历经九九八十一难，终于来到灵山，见到佛祖，取得真经。唐僧拿到经书非常高兴，如来佛祖特派八大金刚将他们送回长安。

唐太宗自从送唐僧出城之后，就命人在西安关外建了一座收藏经书的阁楼，名叫“望经楼”，只见那楼**雕梁画栋**[①]，**巍然屹立**[②]，很是壮观。唐太宗每年都会到望经楼巡视。恰好那天他又来到望经楼，忽然看见西方满天云霞。八大金刚停在半空说：“圣僧，前面就是长安城，我们不便下去，你去把经书传给皇帝吧。”

①雕梁画栋

栋：房屋的大梁。形容建筑物富丽堂皇。

近义词：琼楼玉宇

反义词：蓬户瓮牖

②巍然屹立

巍然：高大雄伟的样子；屹立：山势直立高耸的样子。比喻高山一样地耸立，不可动摇。

近义词：岿然不动

反义词：摇摇欲坠

孙悟空和猪八戒、沙僧害怕师父挑不动经担，决定跟唐僧一起去。转眼间，师徒四人就落在了望经楼边。唐太宗和文武百官见了下楼迎接，唐僧见到唐太宗急忙跪拜。唐太宗问道：“御弟回来啦，你身后的三位是什么人？”唐僧说：“他们是我在取经途中收的徒弟。我一路**跋山涉水**③，幸亏有他们保护，我才能取得真经。”

③跋山涉水

跋山：翻越山岭；涉水：徒步过河。爬山过河。形容长途远行的艰辛劳苦。

近义词：翻山越岭

唐太宗十分高兴，立即邀请唐僧师徒回朝叙旧。唐太宗拉住唐僧的手说：“御弟，那日分别时，你说**三年五载**④就能回来，没想到一别就是十几年！”唐僧告诉太宗：“陛下，此去共取回五千零四十八卷经书。”唐太宗见唐僧的三个徒弟面容**异乎寻常**⑤，就问起他们的身世。唐僧一一做了介绍。唐太宗听后，赞叹不已，又问：“前往西天一共有多少路程？”唐僧说：“途中我没有计算，只记得观音菩萨说有十万八千里路。我们经历了十四个寒暑，经过许多国家，都有照验印信。”说完，就让徒弟把关文拿来给唐太宗看。

一晃到了该回灵山的日子，唐僧辞别唐太宗回灵山接受册封，从此修得正果。

④三年五载

三、五：表示很多；载：年。三五年的时间。

近义词：年复一年

⑤异乎寻常

异：不同；寻常：平常。和平常的不一样，不同于平常。

近义词：与众不同

反义词：平淡无奇

趣味练练

成语回旋镖

将下图的“回旋镖”成语补充完整。

		杰	地		丹		药
中							到
目							
		胜		军			除
	寻						暴
	同						
	非	心		口		药	良

成语大接龙

根据提示，完成下面的成语接龙。

勃		大	怒		横	眉
						眼
对						笑
锋						藏
	捞	底		火	山	

“趣味练练练”

参考答案

第 1 课

成语大接龙　P5

外合里应　应天顺人　人定胜天　天高地厚　厚德载物　物是人非　非同小可　可想而知

成语练练练　P6

声东击西　西风残照　照本宣科　科班出身　身体力行　行云流水　水深火热　热火朝天　天罗地网

第 2 课

成语大接龙　P11

易如反掌　掌上明珠　珠联璧合　合情合理　理屈词穷　穷途末路　路人皆知　知无不言

看诗句猜成语　P12

青山遮不住，毕竟东流去——水落石出　欲穷千里目，更上一层楼——高瞻远瞩
射人先射马，擒贼先擒王——擒贼擒王　郎骑竹马来，绕床弄青梅——青梅竹马
举头望明月，低头思故乡——触景生情　好雨知时节，当春乃发生——风调雨顺

第 3 课

词不达意　P17

从上到下：　×　✓　✓　×　×　✓

成语大接龙　P18

天下为公　公之于众　众星捧月　月黑风高　高高在上　上天入地　地动山摇

第 4 课

反义词接龙　P23

先来后到　大同小异　有勇无谋　早出晚归
阴差阳错　里应外合　前仰后合　冷嘲热讽　阳奉阴违

成语练练练　P24

弃暗投明　明目张胆　胆大妄为　为民除害　害群之马　马革裹尸　尸位素餐

第 5 课

成语爬楼梯　P29

福如东海　海阔天空　空前绝后　后继有人　人尽其才　才华横溢　溢于言表　表里不一

看诗句猜成语　P30

桃花潭水深千尺，不及汪伦送我情——一往情深
儿童相见不相识，笑问客从何处来——物是人非
王师北定中原日，家祭无忘告乃翁——忧国忧民
春色满园关不住，一枝红杏出墙来——独辟蹊径
山重水复疑无路，柳暗花明又一村——绝处逢生
春蚕到死丝方尽，蜡炬成灰泪始干——舍己为人

第 6 课

成语练练练　P35

同床异梦　梦寐以求　求贤下士　士别三日　日积月累　累土聚沙　沙场点兵

成语大接龙　P36

石沉大海　海内无双　双喜临门　门庭若市　市井小人　人云亦云　云开雾散

第 7 课

田字格游戏　P41

忍气吞声　声势浩大　大快人心　心口不一　一鸣惊人　人仰马翻　翻来覆去

成语大接龙　P42

张口结舌　舌尖口快　快马加鞭　鞭长莫及　及第成名　名列前茅　茅塞顿开

第 8 课

成语大接龙　P47

风风火火　火冒三丈　丈二和尚　尚方宝剑　剑拔弩张　张三李四　四面楚歌　歌舞升平

灯谜成语　P48

烫——赴汤蹈火　逃兵——丢盔弃甲　桃子破肚——杀身成仁

讨论会——各抒己见　剃头师傅——以理服人　特种仓库——奇货可居

第 9 课

成语大接龙　P53

大腹便便　便宜行事　事无巨细　细枝末节　节衣缩食　食不果腹　腹背受敌　敌众我寡

成语之最　P54

最荒凉的地方——不毛之地　最遥远的地方——天涯海角

最大的手——一手遮天　最高的人——顶天立地

最吝啬的人——一毛不拔　最长的一天——度日如年

最有胆量的人——胆大包天　最大的网——天罗地网

最洁净的东西——一尘不染　最大的被子——铺天盖地

最大的地方——无边无际　最好的药方——灵丹妙药

最好的医生——起死回生　最完美的东西——十全十美

第 10 课

成语大接龙　P59

空穴来风　风吹草动　动如脱兔　兔死狐悲　悲天悯人　人命关天　天高地厚　厚德载物

填数字学成语　P60

1. 五颜六色　2. 十拿九稳　3. 一清二楚　4. 七零八落　5. 千方百计　6. 丢三落四

第 11 课

成语迷宫　P65

斗志昂扬　扬名后世　世外桃源　源远流长　长短不一　一步登天　天下太平　平易近人
人山人海　海阔天空　空穴来风　风风雨雨　雨打风吹　吹灰之力　力不从心　心平气和
和蔼可亲　亲密无间　间不容发　发扬光大　大步流星　星星点点　点石成金　金枝玉叶

成语大接龙　P66

一飞冲天　天荒地老　老泪纵横　横七竖八　八仙过海　海底捞月　月明星稀

第 12 课

成语爬楼梯　P71

情深似海　海纳百川　川流不息　息事宁人　人高马大　大祸临头　头重脚轻　轻而易举

褒贬不一　P72

1. 否　2. 是　3. 是　4. 是　5. 否　6. 否

第 13 课

灯谜成语　P77

盗亦有道——强词夺理　趴在地上——五体投地　孔明——凿壁借光
赵括打仗——纸上谈兵　矮个子先进——高人一等

成语练练练　P78

车水马龙　龙腾虎跃　跃然纸上　上善若水　水泄不通　通情达理　理直气壮
壮志凌云　云淡风轻

第 14 课

快乐成长梯　P83

露马脚　不可思议　久旱逢甘霖　神不知鬼不觉　船到江心补漏迟　智者千虑，必有一失
冰冻三尺，非一日之寒　少壮不努力，老大徒伤悲

成语里的小秘密　P84

山东　济南　海南　海口　上海　天津

第 15 课

成语乐翻天　P89

胆大包天　健步如飞　才高八斗　鼠目寸光　顶天立地　一步登天

成语练练练　P90

欢天喜地　地动山摇　摇头晃脑　脑满肠肥　肥头大耳　耳目一新　新仇旧恨
恨之入骨　骨瘦如柴

第 16 课

数字成语　P95

聚精会神　神通广大　大同小异　异口同声　声泪俱下
下落不明　明明白白
白发苍苍　苍劲有力

字母接龙　P96

粗中有细　细水长流　流离失所　所向披靡
交头接耳　耳目一新　新陈代谢

第 17 课

成语对对碰　P101

举不胜举　数不胜数　防不胜防　微乎其微　日复一日　神乎其神　忍无可忍　为所欲为
精益求精　见所未见　闻所未闻　贼喊捉贼　痛定思痛　话中有话　天外有天

看诗句猜成语　P102

高堂明镜悲白发——顾影自怜　　千里江陵一日还——一日千里
读书破万卷，下笔如有神——胸罗万卷　　飞流直下三千尺——山高水长
洛阳亲友如相问，一片冰心在玉壶——玉壶冰心
旧书不厌百回读，熟读深思子自知——百读不厌

第 18 课

旋涡接龙　P107

天长地久　久别重逢　逢凶化吉　吉人天相　相亲相爱　爱不释手

成语藏在广告语里　P108

热水器：随心所浴——随心所欲　　止咳药：咳不容缓——刻不容缓

摩托车：骑乐无穷——其乐无穷　　营养液：口蜜腹健——口蜜腹剑

第 19 课

神龙摆尾　P113

喜笑颜开　开门见山　山穷水尽　尽善尽美　美中不足　足智多谋　谋财害命　命中注定

成语总动员　P114

电光石火　火树银花　花言巧语　语重心长　长生不老　老生常谈　谈笑风生

第 20 课

成语回旋镖　P119

目中无人　人杰地灵　灵丹妙药　药到病除　除暴安良　良药苦口　口是心非　非同寻常　常胜将军

成语大接龙　P120

勃然大怒　怒目横眉　眉开眼笑　笑里藏刀　刀山火海　海底捞针　针锋相对